EL ESTUDIO DE LA BIBLIA

A TU ALCANCE

PATMOS

El estudio de la Biblia, a tu alcance

Publicado por Editorial Patmos
Miami, FL 33166

Publicado originalmente en inglés por Rose Publishing, LLC,
140 Summit Street, Peabody, Massachusetts 01961-3473, USA,
con el título *Bible Study Made Easy*.

Diseño de portada y diagrama por Cristalle Kishi
Adaptación del diseño al español por Adrián Romano
Fotos e ilustraciones provistas por Shutterstock.com
Traducido y editado por Grupo Scribere

ISBN: 978-1-58802-949-2

Impreso en Brasil | *Printed in Brazil*

CONTENIDO

Cómo iniciar **5**

Consejos básicos para el estudio de la Biblia 6

Siete maneras de leer la Biblia 8

Familiarízate con la Biblia 10

Cómo elegir una versión de la Biblia 14

¿Qué es la Biblia? **20**

Diez datos importantes sobre la Biblia 20

Todos los libros de la Biblia 24

Cuatro pasos para el estudio inductivo de la Biblia **34**

La estrategia «SOIA» 37

Paso 1: Selección 39

Paso 2: Observación 45

Paso 3: Interpretación 50

Paso 4: Aplicación práctica 55

Las herramientas para el estudio de la Biblia **56**

Biblias de estudio 56

Concordancias 58

Programas bíblicos y sitios electrónicos 59

Diccionarios bíblicos 60

Atlas, mapas y cronologías bíblicas 61
Comentarios y manuales bíblicos 62
Biblias especializadas 63
Construir una biblioteca de referencias bíblicas 64

Cómo abordar las partes difíciles 65
Cinco cosas a evitar en la interpretación 66
Entender el lenguaje figurado 69
Descubrir el significado original 71

El trasfondo de la Biblia 72
Leer el Antiguo Testamento 72
Leer el Nuevo Testamento 76

¡Comencemos! Un ejemplo de estudio bíblico 85

El objetivo del estudio bíblico 90
Siete razones para estudiar la Biblia 91

CÓMO INICIAR

La Palabra de Dios puede cambiar tu corazón y transformar tu vida. La Biblia no se escribió solo para ser un texto histórico o una gran obra literaria; está pensada para leerse con la mente y el corazón. Dios te ama y quiere que también tú lo ames. Deuteronomio 8:3 nos enseña que: «... no solo de pan vive el hombre, sino de todo lo que sale de la boca del Señor».

Estudiar la Biblia no implica convertirse en un experto en un pasaje o libro en particular. Se trata de analizar a profundidad el texto para ser transformados en nuestro interior. Mientras más conozcamos sobre Dios, más lo amaremos.

El Señor le obsequió la Biblia a la Iglesia. Leer y estudiar el texto bíblico en comunidad nos beneficia en gran manera. Comparte con los demás lo que has aprendido; sus preguntas te estimularán a orar y estudiar aún más para encontrar las respuestas adecuadas.

«Léelo con atención; ponlo en oración; experiméntalo en tu vida; compártelo con otros».

—GEORGE GRITTER

Consejos básicos para el estudio de la Biblia

✣ Planifica un tiempo de estudio

Elige un horario y un sitio tranquilos para estudiar la Palabra de Dios. Haz de esto un hábito diario, como alimentarte. Algunas personas se levantan más temprano para dedicarle tiempo a Dios, mientras que otras estudian Su Palabra durante el día o la tarde.

✣ Ora

Pídele a Dios que te ayude a comprender Su Palabra. Ora con tus propias palabras, o intenta algo como esto: «Señor, gracias por la Biblia. Ella nos enseña quién eres y el propósito que tienes para nuestra vida. Por favor, ayúdame a comprenderla y a hacer lo que Tú mandas». En Jeremías 33:3, Dios nos hace una promesa: «Clama a mí y te responderé, y te daré a conocer cosas grandes y ocultas que tú no sabes».

✣ Léelo y reléelo

La Biblia es la carta más importante que podrías recibir. Es un mensaje del Dios del universo, quien te hizo, te ama y quiere comunicarse contigo. Lee tu «carta de amor» cada día. Relee cada capítulo y cada versículo varias veces.

⁘ Conoce al autor

Lee Génesis si quieres aprender sobre el Dios que creó el mundo. Toda la Escritura es inspirada por Dios. De hecho, Dios visitó la Tierra en forma de hombre: Jesucristo. Jesús dijo: «El Padre y yo somos uno» (Juan 10:30). Lee el Evangelio de Juan para descubrir el plan de Dios para ti.

⁘ Toma notas

Haz anotaciones sobre lo que lees. Utiliza un cuaderno o un diario personal solo para tu estudio de la Biblia. Los cuatro pasos para el estudio inductivo de la Biblia te ayudarán a reflexionar sobre la Palabra de Dios y a descubrir cómo se aplica a tu vida. Puedes resaltar versículos clave o escribir notas al margen de tu Biblia.

⁘ Haz de la Biblia tu autoridad

Acepta y cree lo que dice la Biblia como la verdad. Quizá no entiendas todo lo que ella expresa, pero obedece y aplica aquello que sí entiendes.

Siete maneras de leer la Biblia

1 En oración

Antes de comenzar, pídele a Dios que te hable y te dé «oídos para oír».

2 Con expectativa

Confía en que Dios quiere hablarte más de lo que tú quieres escucharlo. Después, ponte alerta para oírlo.

3 Con devoción

Piensa en la lectura de la Biblia como un tiempo a solas con Dios, en lugar de concebirlo como un deber de investigación sobre Él.

4 De manera pausada

No te apresures. Tómate tu tiempo y degusta las palabras.

5 A profundidad

Lee un libro entero de la Biblia. No te saltes grandes secciones del texto. Considera leer la Biblia de principio a fin. Esta es la mejor manera de obtener una visión certera de quién es Dios y de cuál es Su historia.

6 Con regularidad

Ejercitarse una vez cada tres semanas es mejor que nada, pero es probable que no alcances óptimas condiciones físicas. Así mismo, leer la Biblia ocasionalmente no es el método más óptimo para cultivar tu relación con Dios. Tampoco es la mejor forma de educarte para ayudar a otras personas a conocer al Señor.

7 En obediencia

Al leer, ten esta actitud: «Haré todo lo que Dios ordene».

Familiarízate con la Biblia

✣ Memoriza el orden de los libros de la Biblia.

EL ANTIGUO TESTAMENTO

PENTATEUCO

- Génesis
- Éxodo
- Levítico
- Números
- Deuteronomio

HISTÓRICOS

- Josué
- Jueces
- Rut
- 1 Samuel
- 2 Samuel
- 1 Reyes
- 2 Reyes
- 1 Crónicas
- 2 Crónicas
- Esdras
- Nehemías
- Ester

POÉTICOS Y SAPIENCIALES

- Job
- Salmos
- Proverbios
- Eclesiastés
- Cantares

PROFÉTICOS

MAYORES

- Isaías
- Jeremías
- Lamentaciones
- Ezequiel
- Daniel

MENORES

- Oseas
- Joel
- Amós
- Abdías
- Jonás
- Miqueas
- Nahúm
- Habacuc
- Sofonías
- Hageo
- Zacarías
- Malaquías

EL NUEVO TESTAMENTO

EVANGELIOS	EPÍSTOLAS PAULINAS	EPÍSTOLAS GENERALES
Mateo	Romanos	Hebreos
Marcos	1 Corintios	Santiago
Lucas	2 Corintios	1 Pedro
Juan	Gálatas	2 Pedro
	Efesios	1 Juan
Hechos de los Apóstoles	Filipenses	2 Juan
	Colosenses	3 Juan
	1 Tesalonicenses	Judas
	2 Tesalonicenses	Apocalipsis
	1 Timoteo	
	2 Timoteo	
	Tito	
	Filemón	

✣ Aprende a leer las referencias Bíblicas

Por ejemplo: Salmos 23:2

Salmos = Nombre de la epístola o del libro

23: = capítulo

:2 = versículo

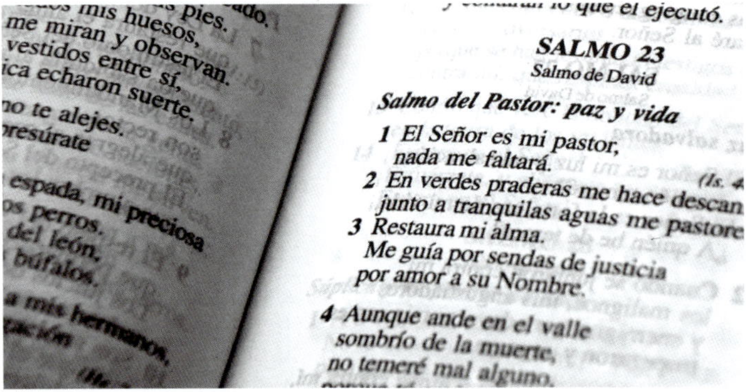

✣ Conoce qué tipo de libro estás leyendo

¿Es un libro sobre historia, poesía o sabiduría, un libro escrito por un profeta, uno de los cuatro Evangelios, Hechos o una epístola (una carta)?

✣ Reflexiona sobre la Biblia a diario

Reflexionar (también conocido como meditar) significa dejar que la Biblia penetre en nuestras mentes y nuestros corazones. Esto se hace al pensar en el texto durante el día y preguntarnos qué significa un pasaje o versículo en particular mientras desarrollamos nuestras actividades habituales.

Transcribe un versículo o un pasaje a un pedazo de papel y llévalo contigo. Cuando estés haciendo fila, esperando en un restaurante o en cualquier otro momento de ocio, saca tu papel y reflexiona sobre la conexión que tiene el texto con tu vida en ese instante.

Memoriza versículos bíblicos

Cuando un buzo tiene problemas bajo el agua, se apoya en su entrenamiento previo para encontrar una solución. Al enfrentar tentaciones o aflicción, nuestro «entrenamiento» será útil. Todos los versículos bíblicos que hayamos memorizado surgirán para asistirnos. Dios nos hablará a través de ellos en formas inesperadas.

Una buena estrategia para memorizar algo es buscar un compañero que te ayude y te estimule a trabajar juntos.

Cómo elegir una versión de la Biblia

Hay una gran variedad de versiones bíblicas de donde elegir. Opta por la versión que mejor se adapte al tipo de estudio bíblico que harás.

Existen tres métodos principales de traducción de la Biblia:

- Palabra por palabra
- Balanceado
- Idea por idea

Además, existe el parafraseo, que es un tanto diferente que traducir.

✣ Palabra por palabra

Los académicos procuran traducir cada vocablo según su uso en el momento en que se escribió el texto. Este es el método más estricto. Ninguna traducción es totalmente palabra por palabra, pero este método busca acercarse lo más posible a ese ideal.

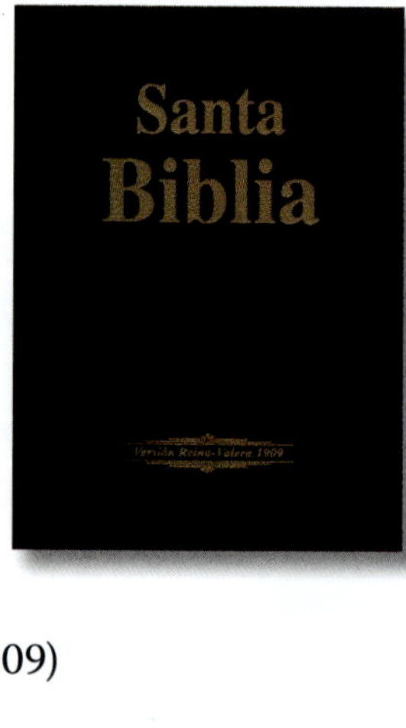

Ejemplo:

- Reina-Valera de 1909 (RVR1909)

✣ Balanceado

Se encuentra a medio camino entre los métodos palabra por palabra e idea por idea. Es un método intermedio que busca ofrecer una traducción cercana al texto original y fácil de leer.

Ejemplo:

- Nueva Versión Internacional (NVI)

✣ Idea por idea (también conocido como «equivalencia dinámica»)

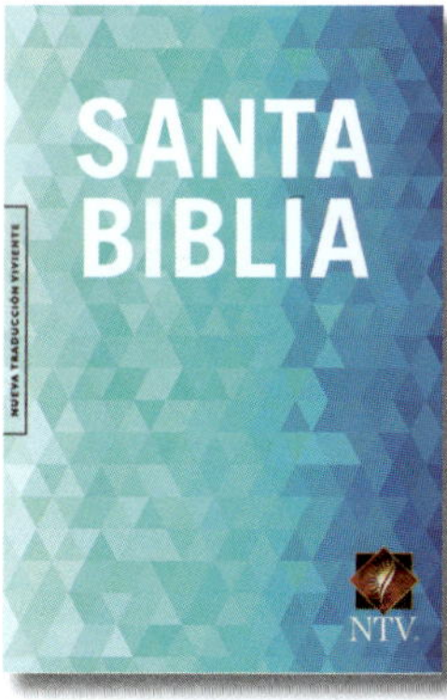

Los académicos traducen el significado de cada idea. Este método es menos estricto, lo cual facilita la lectura.

Ejemplo:

- Nueva Traducción Viviente (NTV)

Estudia el gráfico de la página siguiente, que trabaja un pasaje conocido con estos cuatro métodos. Cada uno de ellos es útil y, como verás, tienen muchos aspectos en común. Elije el que mejor se adapte a tus necesidades.

MÉTODO DE TRADUCCIÓN	JUAN 3:16-17
PALABRA POR PALABRA (RVR1960)	Porque de tal manera amó Dios al mundo, que ha dado a su Hijo unigénito, para que todo aquel que en él cree, no se pierda, mas tenga vida eterna. Porque no envió Dios a su Hijo al mundo para condenar al mundo, sino para que el mundo sea salvo por él.
BALANCEADO (NVI)	Porque tanto amó Dios al mundo que dio a su Hijo unigénito, para que todo el que cree en él no se pierda, sino que tenga vida eterna. Dios no envió a su Hijo al mundo para condenar al mundo, sino para salvarlo por medio de él.
IDEA POR IDEA (NTV)	Pues Dios amó tanto al mundo que dio a su único Hijo, para que todo el que crea en él no se pierda, sino que tenga vida eterna. Dios no envió a su Hijo al mundo para condenar al mundo, sino para salvarlo por medio de él.

RESUMEN DE VERSIONES POPULARES DE LA BIBLIA EN ESPAÑOL

TRADUCCIÓN	AÑO*	TIPO
Reina-Valera de 1960 (RVR1960)	1960	Palabra por palabra
Dios habla hoy (DHH)	1979, 2000	Paráfrasis
La Biblia de las Américas (LBLA)	1986	Palabra por palabra
Nueva Versión Internacional (NVI)	1999	Balanceado
Traducción en Lenguaje Actual (TLA)	2003	Paráfrasis
Reina Valera Contemporánea (RVC)	2009	Palabra por palabra
Nueva Traducción Viviente (NTV)	2010, 2013, 2016	Idea por idea

	DESCRIPCIÓN
	La usan los adultos que prefieren el idioma español como aparece en versiones antiguas.
	Traducción del hebreo, griego y arameo.
	Traducción directa del hebreo y griego.
	Traducción moderna que busca ser adecuada para múltiples denominaciones.
	Conserva la belleza literaria adaptado al mundo actual.
	Es una revisión de la Reina-Valera.
	Versión moderna de lectura fácil.

*Año en que se dio a conocer la traducción completa de la Biblia y sus revisiones posteriores.

¿QUÉ ES LA BIBLIA?

Diez datos importantes sobre la Biblia

La Biblia es el libro más impreso y más leído de toda la historia. Existe más evidencia para confirmar la Biblia que para cualquier otro documento histórico.

1. La Biblia es inspirada por Dios. En 2 Timoteo 3:16-17 leemos: «Toda la Escritura es inspirada por Dios y útil para enseñar, para reprender, para corregir y para instruir en la justicia, a fin de que el siervo de Dios esté enteramente capacitado para toda buena obra» (ver también 2 Ped. 1:20-21).

2. La Biblia se compone de 66 libros diferentes.
   - Fueron redactados a lo largo de 1600 años (aproximadamente desde 1500 a.C. hasta 100 d.C.) por más de 40 reyes, profetas, líderes y seguidores de Jesús.
   - El Antiguo Testamento tiene 39 libros (escritos alrededor de 1500-400 a.C.).
   - El Nuevo Testamento tiene 27 libros (escritos alrededor de 45-100 d.C.).

- La Biblia hebrea tiene el mismo texto que el Antiguo Testamento de la Biblia en español, pero su división y su organización es otra.

3 El Antiguo Testamento fue escrito principalmente en hebreo, con partes en arameo. El Nuevo Testamento fue escrito en griego.

4 Los libros de la Biblia fueron reunidos y organizados por concilios de rabinos y concilios de líderes eclesiásticos. Ellos reconocieron los libros como autoridad sagrada inspirada por Dios. Para este cometido siguieron lineamientos escrupulosos.

5 Antes de inventarse la imprenta, la Biblia se copiaba a mano. Estas copias eran bastante exactas y a menudo eran hechas por escribas especiales que desarrollaron complejos métodos para contar palabras y letras, con el propósito de que no se cometieran errores.

6 La Biblia fue el primer libro impreso en la imprenta de tipos móviles (imprenta de Gutenberg, 1455, Biblia Latina).

7 Existe mucha evidencia de que la Biblia actual es en gran medida fiel a los escritos originales. De las miles de copias a mano hechas antes del año 1500, casi 5900 manuscritos griegos del Nuevo Testamento todavía existen hoy. El texto bíblico se ha preservado mejor que los escritos de Platón o Aristóteles.

8 El descubrimiento de los Manuscritos del Mar Muerto confirmó la increíble veracidad de algunas copias del Antiguo Testamento hechas a lo largo de los años. Si bien existen variaciones ortográficas, ninguna de ellas afecta las doctrinas básicas de la Biblia.

Las cuevas de Qumrán, donde fueron encontrados los Manuscritos del Mar Muerto

9 Cuando se llevó la Biblia a otras naciones, los eruditos la tradujeron al lenguaje común del pueblo, pues deseaban que las personas conocieran la palabra de Dios. En la actualidad todavía existen alrededor de 2000 pueblos que no tienen la Biblia en su propio idioma.

10

- Para el año 200 d.C., la Biblia se había traducido a 7 idiomas;
- Para el 500, a 13 idiomas;
- Para el 900, a 17 idiomas;
- Para el 1400, a 28 idiomas;
- Para el 1800, a 57 idiomas;
- Para el 1900, a 537 idiomas;
- Para el 1980, a 1100 idiomas;
- Para el 2014, 2883 idiomas contenían alguna parte de la Escritura.

(Fuente: Wycliffe Global Alliance)

(Fragmento de *How We Got the Bible* [Cómo se formó la Biblia], Rose Publishing).

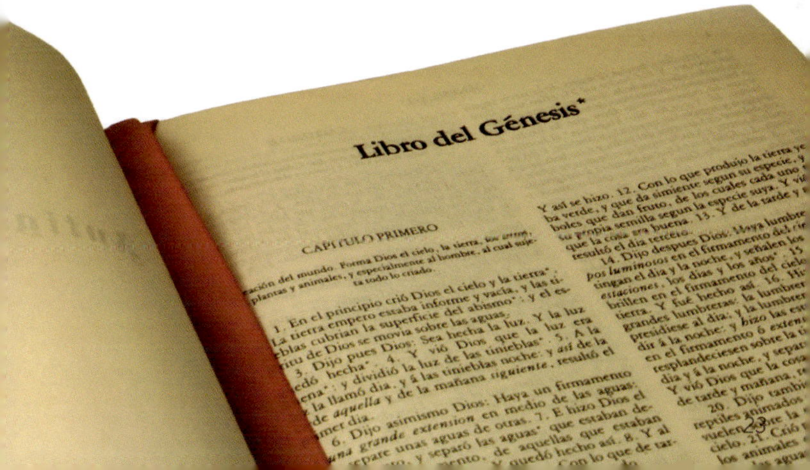

Todos los libros de la Biblia

Los 66 libros de la Biblia se dividen en dos secciones principales: el Antiguo Testamento y el Nuevo Testamento.

✣ El Antiguo Testamento

Esta sección nos revela el plan de salvación de Dios, desde la creación hasta las profecías del Mesías futuro (el Salvador).

El Antiguo Testamento tiene cuatro partes:

- Pentateuco (la Ley)
- Libros Históricos
- Libros Poéticos y Sapienciales
- Libros Proféticos: Profetas Mayores y Profetas Menores

PENTATEUCO (LA LEY)

El Pentateuco incluye relatos sobre la creación del mundo, el diluvio, Abraham, Isaac, Jacob, los israelitas en Egipto, el éxodo y el periodo de tiempo que los israelitas vivieron en el desierto antes de entrar a la tierra prometida.

Además, registra las leyes que Dios le dio al pueblo en el Monte Sinaí. Ellas estipulan las regulaciones para los sacrificios, la adoración y la vida diaria. Al Pentateuco también se le llama Torá.

Libros del Pentateuco	
GÉNESIS	El comienzo de la creación, las naciones y los israelitas
ÉXODO	Dios libera a los israelitas de la esclavitud en Egipto
LEVÍTICO	La ley y los sacrificios
NÚMEROS	El censo y la historia de los israelitas en el desierto
DEUTERONOMIO	Los sermones finales de Moisés

LIBROS HISTÓRICOS

Estos libros continúan la historia de los israelitas y la conquista de la tierra prometida en el Libro de Josué. También detalla el ciclo continuo de desobediencia en Jueces, los primeros reyes, la unión y la división de los reinos, las invasiones asirias y babilonias, los años en exilio y el regreso durante el reinado persa.

Libros Históricos	
JOSUÉ	Historia de la conquista de la tierra prometida.
JUECES	Los ciclos de pecado y perdón en la tierra prometida.
RUT	El relato de una extranjera fiel.
1 Y 2 SAMUEL	Dios es el rey, pero queremos un rey terrenal.
1 Y 2 REYES	Los límites del reinado humano.
1 Y 2 CRÓNICAS	Todavía son el pueblo de Dios.
ESDRAS	La historia de las primeras dos oleadas de judíos que retornaron a Jerusalén.
NEHEMÍAS	La historia de la tercera oleada de judíos que retornaron a Jerusalén.
ESTER	Un relato sobre la valentía en tiempos peligrosos.

LIBROS POÉTICOS Y SAPIENCIALES

Este grupo de libros incluye himnos, proverbios, poemas y dramas. En ellos se ilustra la variedad de maneras creativas en que los israelitas se expresaban para Dios y entre ellos mismos.

Los libros poéticos y los sapienciales lidian con inquietudes que asedian a los seres humanos en todo momento y lugar: el sufrimiento humano, la muerte, qué constituye una buena vida y el conocimiento necesario para vivir. La poesía tiene una habilidad especial para expresar sentimientos y pensamientos profundos en maneras efectivas y hermosas.

Libros Poéticos y Sapienciales	
JOB	Un relato sobre el sufrimiento y la confianza.
SALMOS	Una colección de cánticos poéticos.
PROVERBIOS	Sabiduría para vivir en santidad.
ECLESIASTÉS	La búsqueda del sentido y la verdad.
CANTARES (CANTAR DE LOS CANTARES DE SALOMÓN)	Un cántico de amor.

LIBROS PROFÉTICOS: PROFETAS MAYORES Y MENORES

Los Profetas Mayores no tienen ese nombre por la naturaleza o la calidad de su mensaje, sino por el tamaño de los libros. Los profetas difundían el mensaje de Dios, que podía ser advertencias de juicio, avisos o mensajes de esperanza para el futuro inmediato (o para el futuro distante) y la fe en el Mesías que vendría.

Los Profetas Mayores	
ISAÍAS	Juicio y salvación.
JEREMÍAS	Juicio, ira y llanto.
LAMENTACIONES	Poema lúgubre (de lamento).
EZEQUIEL	Profecías y visiones de la presencia de Dios.
DANIEL	La vida en el exilio y visiones del futuro.

Los Profetas Menores, también conocidos como «El Libro de los Doce» en la Biblia hebrea, son tan importantes como los Profetas Mayores. Se los llama «menores» por la brevedad de sus libros. Ellos también difundían el mensaje de Dios sobre el juicio y la esperanza.

Los Profetas Menores

OSEAS	Advertencias a una nación espiritualmente adúltera.
JOEL	Profecías sobre el grandioso y aterrador día del Señor.
AMÓS	Advertencias para una sociedad desviada.
ABDÍAS	Una visión en contra de Edom.
JONÁS	Un relato sobre la misericordia de Dios.
MIQUEAS	Un llamado a buscar la justicia, amar la misericordia y a ser humildes.
NAHÚM	Profecía sobre la destrucción de Nínive.
HABACUC	Un profeta le pregunta a Dios sobre la justicia y la misericordia.
SOFONÍAS	Advertencias sobre el juicio en el día del Señor.
HAGEO	Un llamado a reconstruir el templo.
ZACARÍAS	Visiones y mensajes sobre el reinado de Dios sobre todas las cosas.
MALAQUÍAS	El día del Señor quc vendrá.

✣ El Nuevo Testamento

El Nuevo Testamento tiene 27 libros. Ellos nos revelan cómo Dios salvó a la humanidad pecadora a través del sufrimiento, la muerte y la resurrección de Jesucristo, el Mesías. Además, nos revelan el eterno reino de Dios.

LOS EVANGELIOS Y HECHOS

Los cuatro Evangelios narran la vida de Jesucristo: Su nacimiento, Su ministerio, Su muerte y Su resurrección.

Hechos relata la historia de los primeros cristianos.

Los Evangelios y Hechos	
MATEO	Jesús, el Mesías prometido.
MARCOS	Jesús, el Hijo del Hombre que sufrió.
LUCAS	Jesús, el Salvador del mundo.
JUAN	Jesús, el Hijo de Dios.
HECHOS	La historia de la Iglesia primitiva.

LAS EPÍSTOLAS Y APOCALIPSIS

Las 21 epístolas son cartas de líderes de la Iglesia primitiva dirigidas a las iglesias y a los creyentes. Tradicionalmente se agrupan en dos secciones: las Epístolas Paulinas, que son las trece cartas escritas por el apóstol Pablo, y las ocho Epístolas Generales, que incluyen las cartas escritas por otros apóstoles o líderes.

Las cartas de Pablo estaban dirigidas a iglesias jóvenes, pastores y amigos con el propósito de guiarlos, incentivarlos y corregirlos en su vivir como seguidores de Jesús.

Epístolas Paulinas

ROMANOS	Carta sobre el poder del evangelio.
1 CORINTIOS	Carta para aclarar malentendidos.
2 CORINTIOS	La carta más personal de Pablo.
GÁLATAS	Carta sobre la justificación por medio de la fe.
EFESIOS	Carta sobre vivir de un modo que honre a Dios.
FILIPENSES	Carta sobre vivir como Jesús.

Epístolas Paulinas *(continued)*

COLOSENSES	Carta sobre la supremacía de Cristo.
1 TESALONICENSES	Carta sobre tener esperanza al enfrentar persecuciones.
2 TESALONICENSES	Carta sobre estar listos.
1 TIMOTEO	Instrucciones para liderar una iglesia.
2 TIMOTEO	Carta sobre la perseverancia.
TITO	Instrucciones para el liderazgo en la iglesia y sobre vivir en rectitud.
FILEMÓN	Un pedido de reconciliación.

Los autores de las Epístolas Generales fueron múltiples líderes de la Iglesia primitiva. Esto incluye a Pedro, Santiago y Juan. Su función era estimular a los cristianos que enfrentaban persecuciones y advertirles sobre las falsas enseñanzas.

El Libro de Apocalipsis es singular dentro del Nuevo Testamento porque es el único libro escrito en estilo apocalíptico. Transmite su mensaje mediante señales, símbolos, sueños y visiones.

Epístolas Generales y Apocalipsis

HEBREOS	Carta sobre la superioridad de Cristo.
SANTIAGO	Carta sobre tener una fe viva.
1 PEDRO	Carta sobre el sufrimiento.
2 PEDRO	Carta sobre confiar en las profecías y las promesas de Dios.
1 JUAN	Carta sobre el amor.
2 JUAN	Carta sobre el discernimiento.
3 JUAN	Carta sobre amar a los demás por encima de uno mismo.
JUDAS	Carta sobre luchar por la fe.
APOCALIPSIS	Visiones que revelan la gloria y el triunfo de Dios.

CUATRO PASOS PARA EL ESTUDIO INDUCTIVO DE LA BIBLIA

HAY MÚLTIPLES métodos para el estudio de la Biblia. Uno de los más sencillos, claros y fáciles es el estudio inductivo de la Biblia.

- El razonamiento inductivo parte de ejemplos específicos hacia conclusiones generales.
- El razonamiento deductivo parte de ejemplos generales hacia conclusiones específicas.

De modo que el estudio inductivo de la Biblia utiliza pasajes específicos de la Escritura (no de una fuente secundaria) y los utiliza para obtener verdades bíblicas generales.

ESPECÍFICOS		GENERALES
Pasajes bíblicos	→	Verdades bíblicas

La estrategia «SOIA»

El estudio de la Biblia es crucial para nuestro crecimiento como seguidores de Jesús. En una de Sus parábolas, Jesús compara la Palabra de Dios con una semilla. Aquellos con un corazón honesto y bueno representan la semilla plantada en terreno fértil. Ellos son quienes escuchan la enseñanza, la aplican y, con paciencia, producen frutos.

> *Este es el significado de la parábola: La semilla es la palabra de Dios. Los que están junto al camino son los que oyen, pero luego viene el diablo y les quita la palabra del corazón, no sea que crean y se salven. Los que están sobre las piedras son los que reciben la palabra con alegría cuando la oyen, pero no tienen raíz. Estos creen por algún tiempo, pero se apartan cuando llega la prueba. La parte que cayó entre espinos son los que oyen, pero, con el correr del tiempo, los ahogan las preocupaciones, las riquezas y los placeres de esta vida, y no maduran. Pero la parte que cayó en buen terreno son los que oyen la palabra con corazón noble y bueno, y la retienen; y, como perseveran, producen una buena cosecha.*
>
> —LUCAS 8:11-15

Una forma sencilla de recordar cómo hacer un estudio inductivo de la Biblia es con el acrónimo SOIA:

S ELECCIÓN

¿Qué estudio?

O BSERVACIÓN

¿Qué puedo notar?

I NTERPRETACIÓN

¿Qué significa?

A PLICACIÓN PRÁCTICA

¿Cómo lo aplico?

PASO 1
SELECCIÓN

¿Qué estudio?

«En tus decretos hallo mi deleite,
y jamás olvidaré tu palabra».
SALMOS 119:16

La mayoría de las Biblias se dividen no solo en libros, capítulos y versículos, sino también en secciones con encabezados temáticos. Así es más fácil ver dónde comienza y dónde acaba un pasaje. Si bien elegir un pasaje al azar es una posibilidad, por lo general no es la mejor. A continuación, te ofrecemos algunas sugerencias sobre dónde iniciar tu estudio, desde libros completos hasta pasajes breves.

Libros para iniciar

- **Génesis**, el primer libro de la Biblia, es una buena opción inicial. El libro comienza con la creación del mundo y de los seres humanos a imagen de Dios. Después cubre el pacto con Abraham y sus descendientes, quienes pasan a ser el pueblo de Dios, Israel.

- **El Evangelio de Juan** relata la vida de Jesús desde una perspectiva distinta a la de Mateo, Marcos o Lucas. Su visión es única y accesible. Puedes compararla con Marcos, el Evangelio más breve, si quieres entender las diferencias entre Juan y los tres primeros Evangelios.

✣ Comparación entre los Evangelios

La vida de Jesús es un punto focal importante en el estudio de la Biblia. Estudiar un Evangelio completo es un modo magnífico de conocer sobre Jesús, pero también puedes estudiar sucesos específicos de Su vida al comparar pasajes paralelos entre varios Evangelios.

Elige un acontecimiento de la siguiente tabla y lee los pasajes pertinentes para que puedas ver cómo lo describe cada Evangelio.

ACONTECIMIENTO	MATEO	MARCOS	LUCAS	JUAN
Jesús calma una tormenta.	8:18-27	4:35-41	8:22-25	No se incluye en Juan.
La entrada triunfal de Jesús a Jerusalén.	21:1-17	11:1-11	19:29-44	12:12-19
Pedro niega a Jesús.	26:69-75	14:66-72	22:55-65	18:25-27

✣ Pasajes clave

Si prefieres iniciar a menor escala, aquí tienes siete pasajes que pueden enseñarte sobre Dios y la vida cristiana.

1. **La caída de la humanidad:** Génesis 3
2. **Los Diez Mandamientos:** Éxodo 20:1-17
3. **La profecía del Mesías:** Isaías 53
4. **Las bienaventuranzas:** Mateo 5:1-11
5. **El Sermón del Monte:** Mateo 5–7
6. **Dos mandamientos importantes:** Mateo 22:36-40
7. **El hijo pródigo:** Lucas 15:11-32

✣ Los siete «Yo soy» en el evangelio de Juan

En este Evangelio, Jesús enseña los conocidos siete «Yo soy» para ilustrar quién es Él. Estudiar estas afirmaciones (con sus contextos) es otro modo de explorar la identidad y el rol de Jesús como nuestro Salvador.

1. «Yo soy el pan de vida» (6:35).
2. «Yo soy la luz del mundo» (8:12; 9:5).
3. «Yo soy la puerta» (10:7, 9).
4. «Yo soy el buen pastor» (10:11).
5. «Yo soy la resurrección y la vida» (11:25).
6. «Yo soy el camino, la verdad y la vida» (14:6).
7. «Yo soy la vid verdadera» (15:1).

✣ El estudio de las palabras en los escritos de Pablo

Las cartas del apóstol Pablo en el Nuevo Testamento nos refieren mucho de lo que conocemos sobre la vida cristiana en la Iglesia primitiva. Además, nos brindan una guía valiosa para procurar tener una vida cristiana en la actualidad. Es bueno estudiar una carta completa (y muchas de ellas, como Gálatas, Efesios, Filipenses y Colosenses, son breves), pero también puedes enfocarte en palabras y conceptos específicos que Pablo discutía con frecuencia en sus cartas.

Por ejemplo, utiliza una concordancia para buscar las palabras fe, amor, ley o gracia en las cartas de Pablo y observa de qué manera él las usa.

✣ Análisis de personajes en el Antiguo Testamento

Ya que tienes a mano tu concordancia, puedes repasar tu conocimiento sobre personajes importantes del Antiguo Testamento. Estudia a Abraham o a Moisés: cómo vivieron e interactuaron con Dios de Génesis a Deuteronomio y cómo se hablaba de ellos en otros libros del Antiguo Testamento y el Nuevo Testamento. Mientras aprendes sobre ellos, también te instruirás sobre Dios y Su relación con la humanidad.

✣ En conclusión

Existen varios métodos efectivos para elegir un pasaje y muchos pasajes excelentes de los que puedes seleccionar qué estudiar. Opta por un método que te funcione, toma un pasaje y avanza al paso dos: observación.

PASO 2

OBSERVACIÓN

¿Qué puedo notar?

«Ábreme los ojos, para que contemple las maravillas de tu ley».
SALMOS 119:18

Pídele al Espíritu de Dios que sea tu maestro y que te guíe hacia la verdad. Pídele a Dios «ojos para ver».

Ahora que avanzas al paso dos, recuerda estas cuatro cosas:

Lee, relee y vuelve a leer

No leas el pasaje de manera superficial, del mismo modo en que te desplazarías por internet buscando algo llamativo. Por el contrario, estudia la escena como un detective.

- ¿Qué observas? Reconocer detalles requiere un esfuerzo consciente.
- Lee el pasaje dos y tres veces.
- No trates de ver en el texto aquello que no afirma, pero procura extraer cada detalle relevante que puedas encontrar.

Formula preguntas

No tengas miedo de preguntar. Anota las inquietudes que tengas sobre el pasaje de la Biblia.

Escríbelo

Anota tus observaciones. No dejes solo a la memoria esas reflexiones en que descubres algo y dices «¡Ajá!».

Usa las herramientas disponibles

Estudios bíblicos, comentarios, concordancias, diccionarios y enciclopedias bíblicas, Biblias interlineales (del griego y el hebreo al español), manuales bíblicos, atlas, cronologías y Biblias temáticas: todas estas herramientas pueden complementar tus observaciones.

A continuación encontrarás una lista de preguntas que te ayudará a explorar el pasaje bíblico que elijas.

OBSERVA EL TEXTO

- ¿Qué palabras, expresiones e ideas se repiten en el pasaje?
- ¿Cuál es su género literario (su estructura)? ¿Narrativo (relato), épico, sacerdotal, legislativo, litúrgico, poético, de lamentaciones, de enseñanza, profético, evangélico, de parábolas, epistolar (cartas) o apocalíptico?
- ¿Existen sinónimos (palabras con un significado similar) para un término en particular?
- ¿Existen antónimos (palabras con un significado opuesto) para un vocablo específico?
- ¿Reconoces algunas metáforas, figuras retóricas, paralelismos entre líneas (como ocurre en la poesía) o una estructura o esquema propios del pasaje?

OBSERVA EL CONTEXTO

- ¿Qué viene inmediatamente antes y después del pasaje bíblico?
- ¿Cuál es el contexto global del escrito? Por ejemplo, ¿en qué parte del Antiguo o del Nuevo Testamento está ubicado? ¿En qué libro o sección de este se encuentra?
- ¿Es una historia bíblica breve en el contexto de una mayor? ¿O quizá es una enseñanza específica contenida en un pasaje de enseñanzas más extenso y general?

OBSERVA LOS DETALLES

Pregunta: ¿quién, qué, dónde, cuándo, por qué y cómo? Por lo general, esta información se encuentra en la introducción del libro o en el primer capítulo. También puedes utilizar herramientas bíblicas como mapas, cronologías y Biblias de estudio para ayudarte a encontrar las respuestas a las siguientes preguntas.

¿Quién?

- ¿A quién se menciona en el pasaje o toma acción dentro de él?
- ¿Quién es el protagonista?
- ¿Quiénes conformaban la audiencia original?

¿Qué?

- ¿Qué está sucediendo y qué se dice?
- ¿Cuál es la secuencia de eventos?
- ¿Qué palabras (verbos, adjetivos, preposiciones, etc.) utilizó el autor guiado por el Espíritu?
- ¿Qué detalles descriptivos puedo reconocer?
- ¿Cuál es el tono de los sucesos y el lugar donde se desarrollan?

¿Dónde?

- ¿Dónde ocurren los hechos?
- ¿Dónde estaba la audiencia original al escuchar este pasaje por primera vez?

¿Cuándo?

- ¿Cuándo sucede la acción?
- ¿Qué periodos de tiempo se mencionan?
- ¿Reconoces algún vacío temporal?

¿Por qué?

- ¿El autor explica por qué suceden los acontecimientos?
- ¿El autor manifiesta el motivo del discurso o las acciones de alguno de los personajes?
- ¿El autor revela por qué escribe el texto?

¿Cómo?

- ¿Cómo responden los personajes?
- ¿Cómo concluye la escena?

Una vez que hayas hecho las preguntas de observación, anotado las respuestas y consultado tus herramientas, es momento de avanzar al paso tres: interpretación.

PASO 3

INTERPRETACIÓN

¿Qué significa?

«Hazme entender el camino de tus preceptos,
y meditaré en tus maravillas».
SALMOS 119:27

Lo primero que debes considerar es que, cuando interpretamos un pasaje, preguntamos: «¿Qué quiere comunicar Dios aquí?». No estamos preguntando: «¿Qué siento que significa este pasaje para mí?». Discernir las intenciones de Dios puede parecer una tarea ardua, pero a continuación tienes algunas sugerencias de interpretación para que puedas iniciar.

✣ Preguntas

- ¿Qué entendió la audiencia original sobre este pasaje? Por ejemplo, cuando Jesús refiere la parábola del rico insensato (Luc. 12:16-21), ¿qué implicaba tener graneros amplios en aquellos tiempos?
- ¿De qué manera se conectan los párrafos, las frases o las palabras al motivo para escribir del autor? Por ejemplo, los escritores de los Evangelios (Mateo, Marcos, Lucas y Juan) no estaban solo registrando hechos históricos, sino que procuraban mostrarles a los lectores que Jesucristo es el Hijo de Dios, el

Mesías y el Salvador. ¿De qué manera se conecta uno de sus relatos al mensaje global sobre Jesús que ellos querían transmitir?

- ¿De qué modo conocer el tipo de literatura utilizada (narrativa, poesía, parábola, etc.) nos puede ayudar a entender el significado del pasaje? Por ejemplo, las epístolas (cartas) del Nuevo Testamento se escribieron con el propósito de lidiar con problemas específicos que enfrentaba la Iglesia primitiva. Al leer las epístolas, recuerda que existe un trasfondo, algo que ya ha sucedido y que puede ayudarte a comprender las razones para las enseñanzas específicas.

Dificultades con las palabras

Si encuentras un término o una frase confusa en el pasaje bíblico, prueba una o todas estas opciones:

- Busca la palabra en una concordancia y revisa otras partes de la Biblia donde se utilice.
- Estudia las notas (que suelen estar al pie de página) y las referencias cruzadas en una Biblia de estudio.
- Consulta un comentario bíblico o una concordancia que muestre las palabras en griego o hebreo y que ofrezca varios significados para cada vocablo.

- Compara el pasaje con otras traducciones de la Biblia. Prueba sitios electrónicos o aplicaciones móviles donde puedas comparar un pasaje en varias traducciones a la vez. Esto te permitirá ver cómo otros expertos de la Biblia han traducido el término o la frase y te dará una nueva perspectiva sobre los matices de las palabras.

Verdades bíblicas generales

En esta etapa, el estudio inductivo de la Biblia avanza de lo específico a lo general: de lo específico en uno o varios pasajes a verdades bíblicas generales sobre Dios y la humanidad.

- ¿Qué revela este pasaje sobre la identidad de Dios y Su forma de ser?
- ¿Qué nos dice este pasaje sobre la naturaleza humana?
- ¿Qué nos explica el pasaje sobre el mundo en que vivimos?
- ¿Este pasaje expone algo referente al bien y el mal?
- ¿El pasaje enseña verdades sobre el pecado, el perdón o la salvación?
- ¿El pasaje nos instruye sobre la Iglesia o sobre lo que significa ser un seguidor de Jesús?

Aquí tienes algunos ejemplos de verdades bíblicas generales en Salmos 23 (verdades sobre Dios, la naturaleza humana, el mundo y sobre seguir a Jesús) que te ayudarán a entender el proceso de interpretación.

SALMOS 23	VERDAD BÍBLICA
El Señor es mi pastor,	Los cristianos somos como ovejas bajo el cuidado de Jesús. Le pertenecemos a Él.
nada me falta;	El Señor proveerá para todas nuestras necesidades.
en verdes pastos me hace descansar.	Dios nos da la libertad de descansar.
Junto a tranquilas aguas me conduce;	Los pastores llevan a sus ovejas a beber junto a aguas tranquilas. Del mismo modo, Dios nos lleva a beber de Su Espíritu Santo, que es como agua para nuestras almas.
me infunde nuevas fuerzas.	Dios cuida y protege nuestros corazones y mentes.
Me guía por sendas de justicia por amor a su nombre.	Dios nos guiará al camino correcto por causa de Su gran promesa.
Aun si voy por valles tenebrosos, no temo peligro alguno porque tú estás a mi lado;	El mundo puede ser sombrío, pero no debemos tener miedo, porque Dios está con nosotros.
tu vara de pastor me reconforta.	La disciplina y la instrucción del Señor nos vivifica.
Dispones ante mí un banquete en presencia de mis enemigos.	Dios provee incluso cuando estamos rodeados (de manera literal o figurativa) de enemigos.
Has ungido con perfume mi cabeza;	El Señor cuida de nuestras necesidades físicas,
has llenado mi copa a rebosar.	Y Su provisión es abundante.
La bondad y el amor me seguirán todos los días de mi vida;	La bondad y el amor de Dios estará con nosotros toda nuestra vida,
y en la casa del Señor habitaré para siempre.	Y viviremos con él por la eternidad.

PASO 4

APLICACIÓN PRÁCTICA

¿Cómo lo aplico?

«Me doy prisa, no tardo nada para cumplir tus mandamientos».
SALMOS 119:60

Aplicar la enseñanza es el crucial último paso del estudio de la Biblia. Es donde ponemos la verdad de Dios en práctica y la vivimos. Aquí procuramos llevar la palabra a la práctica (Sant. 1:22). Si bien un versículo o pasaje bíblico nunca tiene interpretaciones (o significados) múltiples, sí puede y tiene incontables posibles aplicaciones. Ora para que la fuerza del Señor te ayude a crecer a través de tu estudio bíblico.

⁘ Cómo encontrar aplicaciones adecuadas

Luego de observar con cuidado un pasaje bíblico y tras haber determinado en oración aquello que Dios quería transmitir, necesitas plasmar esa verdad en la forma de un amplio principio para aplicación inmediata. Esto servirá como «puente» entre la interpretación y la aplicación. A continuación, podrás encontrar una serie de preguntas para ayudarte a construir ese puente.

Las preguntas contemporáneas

- ¿Cómo podemos los cristianos aplicar la enseñanza del autor bíblico a las suposiciones, los valores y las metas de nuestras vidas y de la sociedad actual?
- ¿Qué verdades bíblicas generales hay en el pasaje que se aplican a nuestra situación contemporánea?
- ¿El pasaje dice algo sobre ciertos dilemas sociales como el racismo, la justicia, la pobreza o el dinero?
- ¿Cómo aplican estos versículos o principios a la Iglesia como un cuerpo?

Las preguntas personales

- ¿Qué me enseña este pasaje bíblico sobre los puntos que siguen?
  - Quién soy y cómo me percibe Dios.
  - Las cosas que me preocupan y que necesito en mi vida.
  - Mi labor con mi familia, en el trabajo, la escuela, el vecindario, con mis amigos y en mi iglesia local.
  - Las decisiones difíciles que debo tomar.
  - Mis decisiones respecto al pecado, el perdón y el amor.
  - Mis metas y ambiciones personales.
  - Cómo trato y hablo con aquellos que me rodean.

✣ Las preguntas de acción

- ¿Qué haré con lo que he aprendido?
- ¿Qué metas personales me voy a plantear para implementar las verdades expresadas en este pasaje?
- ¿Si pongo en práctica lo que aprendí de este pasaje, de qué manera impactará mi relación con Dios?
- Como resultado de lo que aprendí de la Palabra de Dios, ¿sobre qué debería orar?

Por ejemplo, un grupo de hombres estudia el mandamiento en Efesios 5:25: «... amen a sus esposas, así como Cristo amó a la iglesia...». Todos están de acuerdo en que el principio crucial del pasaje es que los esposos deben amar a sus esposas incondicionalmente y con abnegación. Sin embargo, la aplicación de ese principio será distinta para cada uno de ellos. Por ejemplo:

- Bob decidió no ir a pescar y quedarse en casa para hacer tres mandados que su esposa Elizabeth le ha estado rogando que haga por meses.
- Stephen se siente presionado a disculparse con su esposa, Ellen, por ser tan descuidado y no ayudar en los quehaceres del hogar. Él ha determinado pasar un fin de semana agradable con ella en un hotel elegante.

La tabla que sigue muestra las diferencias entre las cuatro fases del estudio inductivo de la Biblia.

SELECCIÓN	OBSERVACIÓN	INTERPRETACIÓN	APLICACIÓN
«En tus decretos hallo mi deleite, y jamás olvidaré tu palabra» (Sal. 119:16).	«Ábreme los ojos, para que contemple las maravillas de tu ley» (Sal. 119:18).	«Hazme entender el camino de tus preceptos, y meditaré en tus maravillas» (Sal. 119:27).	«Me doy prisa, no tardo nada para cumplir tus mandamientos» (Sal. 119:60).
Preguntar: ¿Qué estudio?	Preguntar: ¿Qué puedo notar?	Preguntar: ¿Qué significa?	Preguntar: ¿Cómo lo aplico?
Planificar	Indagar	Reflexionar	Practicar
Involucrarse	Explorar	Explicar	Ejercer
Decidir	Descubrir	Digerir	Hacer
Comenzar	Observar	Entender	Obedecer

LAS HERRAMIENTAS PARA EL ESTUDIO DE LA BIBLIA

¡Diccionarios, mapas, cronologías, comentarios y más!

TÉCNICAMENTE, lo único que necesitas para un estudio bíblico es una Biblia, oración y un poco de tiempo. No obstante, es útil tener otras herramientas disponibles, en especial si eres principiante. En este capítulo veremos cómo construir tu caja de herramientas para un estudio bíblico.

Biblias de estudio

Las Biblias de estudio tienen introducciones, esquemas, referencias cruzadas y notas de estudio.

- Las **introducciones** para cada libro de la Biblia pueden proporcionarte una buena cantidad de información de trasfondo. Así podrías responder algunas preguntas de observación sobre el tiempo, el lugar y el contexto que resultarían difíciles de responder por ti mismo.

- Las introducciones también incluyen **esquemas**, que te ofrecen una base estructurada desde la cual comprender los acontecimientos principales de cada libro. Si estás revisando un pasaje breve, el esquema puede aclararte el contexto.
- Las **referencias** cruzadas son listas de versículos que se relacionan al pasaje que estás estudiando; te permiten conectarlo con el resto de la Biblia.
- Las **notas de estudio** ayudan a entender el contexto histórico, ciertos conceptos complejos y datos fascinantes sobre cada versículo bíblico. Si estás estudiando un pasaje difícil, las notas de estudio son la primera fuente que consultar.

Una Biblia de estudio de calidad también tendrá una concordancia, mapas y un índice temático.

Ejemplos de Biblias de estudio:

- *Biblia de estudio Palabra Clave* (Editorial Patmos)
- *Biblia de estudio explicada* (Editorial Patmos)
- *The Complete Jewish Study Bible* (Hendrickson), disponible solo en inglés

Concordancias

La concordancia te permite buscar todas las palabras de la Biblia y proporciona una lista en orden alfabético de:

- palabras clave
- nombres
- temas

Además, con cada palabra incluye una lista de versículos donde aparece. Esta es una herramienta crucial si quieres estudiar un término específico o conocer más sobre un personaje bíblico. Muchas Biblias de estudio incluyen una concordancia, pero estas también pueden venir por separado.

Ejemplos de concordancias:

- *Nueva Concordancia Strong Exhaustiva* de la Biblia (Grupo Nelson)
- *Enciclopedia Bíblica Boyer* (Editorial Patmos)

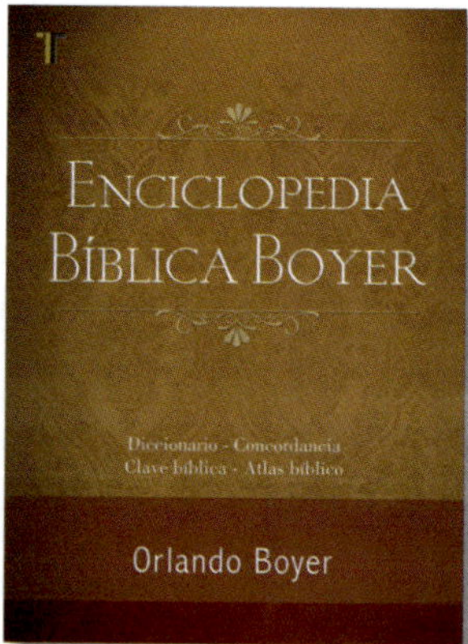

Programas bíblicos y sitios electrónicos

En internet puedes encontrar concordancias bíblicas, diccionarios, comparaciones entre traducciones y otros recursos. Si prefieres no hacer tu estudio rodeado de muchos libros, los programas bíblicos y los sitios electrónicos son una excelente opción.

Ejemplos:

- Bible Gateway www.biblegateway.com
- Bible Hub www.biblehub.com
- The Unbound Bible www.theunboundbible.com
- The Blue Letter Bible www.blueletterbible.com
- Logos Bible Software www.logos.com

Diccionarios bíblicos

Al igual que una concordancia, un diccionario bíblico contiene una lista en orden alfabético de términos, nombres y temas. Sin embargo, en vez de presentar versículos bíblicos, ofrecen definiciones. Puedes buscar las palabras que no comprendas, como gracia, redención o fe. Los diccionarios expositivos proporcionan definiciones y explicaciones más detalladas.

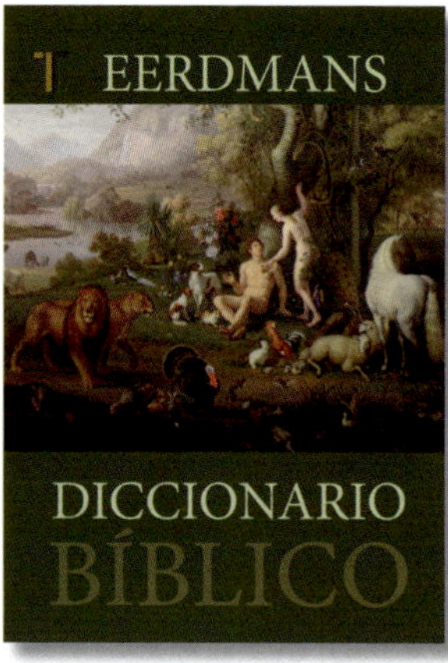

Ejemplo de diccionario bíblico:

- *Diccionario bíblico Eerdmans* (Editorial Patmos)

Atlas, mapas y cronologías bíblicas

Este tipo de recursos son excelentes para los que aprenden mejor mediante imágenes. Los atlas, los mapas y las cronologías pueden serte útiles para:

- Aprender dónde ocurrieron los acontecimientos bíblicos.
- Ver la travesía de los personajes.
- Comparar la ubicación de ciudades antiguas con sus equivalentes actuales.
- Entender cómo se desarrollaron los acontecimientos bíblicos durante miles de años.

- Poner los libros de la Biblia (y sus autores) en el contexto de la historia de Israel.

Ejemplos:

- *Mapas bíblicos antes y ahora: edición de lujo* (Rose Publishing)
- *Cronología bíblica* (Rose Publishing)
- *Comentario histórico cultural del Nuevo Testamento* (Editorial Patmos)
- *The New Moody Atlas of the Bible* [El Nuevo Atlas Moody de la Biblia] (Moody Publishers)

Comentarios y manuales bíblicos

Estas herramientas son increíblemente útiles, pues contienen explicaciones sobre pasajes y libros enteros de la Biblia redactados por expertos. No obstante, sería bueno que estudies la Biblia por ti mismo antes de consultar comentarios o manuales bíblicos. Sería ideal:

- Estudiar tu pasaje.
- Ver qué significa y cómo aplica a tu vida.
- Enumerar algunas preguntas.
- Consultar un comentario para ver el análisis de los expertos sobre el pasaje.

Ejemplos de comentarios bíblicos:

- *Comprendiendo todas las parábolas de Jesús* (Editorial Patmos)
- *Interpretación bíblica* (Editorial Patmos)

Ejemplo de manual bíblico:

- *Guía del lector de la Biblia* (Editorial Patmos)

Biblias especializadas

Además de las herramientas que ya hemos visto, existen las Biblias especializadas, que procuran resolver necesidades específicas:

- Las Biblias temáticas organizan el texto en áreas especiales de interés, como salvación, el matrimonio o la oración.
- Las Biblias interlineales comparan el idioma original (hebreo o griego) con el actual.
- Las Biblias de letra grande son fáciles de leer y útiles para muchas personas.
- Las Biblias dirigidas específicamente a uno de los géneros o a un grupo de edad particular pueden ayudar a las personas a encontrar aplicaciones prácticas para sus vidas.

Ejemplos de Biblias especializadas:

- *Interlineal griego-español* (Editorial Patmos)
- *Biblia Hombres de integridad* (Editorial Patmos)
- *Biblia Mujer de hoy* (Editorial Patmos)

Construir una biblioteca de referencias bíblicas

Todas estas herramientas pueden formar parte de tu biblioteca personal de referencias bíblicas. Puedes tachar cada categoría en la medida en que tu biblioteca crezca.

- ❏ Biblia de estudio
- ❏ Concordancia
- ❏ Programas bíblicos y sitios electrónicos
- ❏ Diccionario bíblico
- ❏ Atlas y mapas bíblicos
- ❏ Cronología bíblica
- ❏ Comentario bíblico
- ❏ Manual bíblico
- ❏ Biblia especializada

CÓMO ABORDAR LAS PARTES DIFÍCILES

YA QUE HEMOS explicado cómo iniciar, los cuatro pasos del estudio inductivo de la Biblia y las herramientas disponibles para el estudio bíblico analicemos algunas partes difíciles.

Toda persona que estudie la Biblia podrá corroborar que el texto puede ser difícil de entender. A veces te dejará con dolor de cabeza mientras tratas de entender lo que significa. ¡Pero no te rindas! La Palabra de Dios lo vale. Quiero que recuerdes esto: vas a aprender y a recordar mucho más si tú mismo descubres lo que dice la Escritura.

Cuando te enfrentes a un pasaje complejo de la Biblia (e incluso si no) ora por sabiduría y entendimiento. Recuerda lo que nos dice Santiago: «Si a alguno de ustedes le falta sabiduría, pídasela a Dios, y él se la dará, pues Dios da a todos generosamente sin menospreciar a nadie» (Sant. 1:5).

Cinco cosas a evitar en la interpretación

1 **No** saques los versículos de su contexto.

- Lee los capítulos y los versículos que están antes y después del versículo específico que estás estudiando. Así tendrás una visión completa del asunto. No estudies los versículos fuera de su contexto. Consulta el esquema del libro.
- Considera la Biblia completa como la Palabra de Dios. En vez de concentrarte en un solo versículo o idea, revisa si la enseñanza se explica con más detalle en otra parte del texto.
- Examina las referencias cruzadas en tu Biblia para encontrar otros versículos sobre el mismo tema.

2 **No** seas demasiado literal.

- Aprende a reconocer el lenguaje figurado. (Ver la siguiente sección).

3 **No** ignores el trasfondo cultural, histórico y literario de la Biblia.

- Aunque sea una historia para todas las épocas, la Palabra de Dios está compuesta de varios tipos de literatura.
- Fue compilada a lo largo de cientos de años, en múltiples culturas, por unos 40 autores humanos

que escribían en tres idiomas diferentes (hebreo, arameo y griego).

- Al insistir en leer la Biblia desde la perspectiva del siglo XXI. malinterpretamos su significado.

4 **No** trates de extraer una confirmación bíblica para tus ideas.

- No saques conclusiones precipitadas. Lee el pasaje varias veces y dale tiempo.
- Es crucial que evitemos forzar un pasaje para que calce con nuestras opiniones o experiencias previas.
- Un discípulo siempre debería basar sus creencias en lo que dice la Biblia, mas no interpretar la Biblia desde sus creencias.

5 **No** exageres.

- Es tentador buscar un significado misterioso, oculto y simbólico que nadie ha visto antes. Pero esto es peligroso.

✣ Por el contrario, deberías...

¡Hacer y responder muchas preguntas!	Por ejemplo: ■ ¿Qué tipo de literatura es? ¿Poética, histórica, profética, sapiencial, epistolar? ■ ¿Es un pasaje narrativo (un relato) o didáctico (una enseñanza)? ■ ¿Es un texto descriptivo (cuenta los acontecimientos ocurridos en un lugar específico) o preceptivo (muestra lo que debería ocurrir en todas partes todo el tiempo)?
Utilizar toda la Biblia para interpretar partes de ella.	Si no hay otros pasajes que corroboren tu interpretación de un texto, estás en terreno peligroso. Siempre deberíamos usar pasajes claros para ayudarnos a discernir el significado de los que son más confusos.
Considerar el contexto de una idea o pasaje.	Por ejemplo, para comprender la orden de Jesús al ciego de Betsaida en Marcos 8: «No vayas a entrar en el pueblo», debemos buscar pasajes similares en el Evangelio de Marcos (1:44; 5:19,43; ver además Mateo 8:4 y 16:20).
Consultar comentarios fiables sobre la Biblia.	Ver cómo los expertos en Biblia interpretan un texto es de mucha ayuda para comprender la Palabra de Dios. Usa comentarios bíblicos y estudia el texto con la ayuda de las notas de los expertos.

Entender el lenguaje figurado

El lenguaje figurado crea imágenes con palabras para ayudarnos a entender una verdad. Familiarízate con los tipos de lenguaje figurado utilizados en la Biblia:

Metáfora

El versículo: «Tu palabra es una lámpara a mis pies; es una luz en mi sendero» (Sal. 119:105) es una metáfora que nos permite imaginar la Biblia como una luz que nos guía y que brilla sobre nuestras mentes y acciones.

Símil

El versículo: «Cual ciervo jadeante en busca del agua, así te busca, oh Dios, todo mi ser» (Sal. 42:1) es un símil. Este recurso literario compara ideas mediante las palabras «cual», «igual que» y «como». Existen más de 175 símiles en Salmos.

✣ Personificación

Jesús utilizó este recurso cuando dijo que, si las personas no declaraban las grandes obras que habían visto a Dios hacer, entonces las piedras lo gritarían (Luc. 19:40).

✣ Hipérbole (exageración)

Podemos encontrar un ejemplo en Mateo 5:29-30:

> «Por tanto, si tu ojo derecho te hace pecar, sácatelo y tíralo. Más te vale perder una sola parte de tu cuerpo, y no que todo él sea arrojado al infierno. Y, si tu mano derecha te hace pecar, córtatela y arrójala. Más te vale perder una sola parte de tu cuerpo, y no que todo él vaya al infierno».

Descubrir el significado original

Al leer la Biblia, busca el mensaje que el autor quería transmitir originalmente.

- ¿Qué quiso decir el autor?
- ¿Qué significaba eso en aquella cultura?
- ¿Qué representaba para la audiencia original?
- ¿Cuáles son las ideas principales que el autor resalta?

Si tienes preguntas, anótalas, ora por entendimiento y conversa sobre tus ideas con alguien más.

Conocer la intención del autor

Imagina que un billonario gravemente enfermo ha redactado su testamento. Luego del funeral, un tribunal testamentario lee el documento. ¿Cuál es el propósito de todo esto? ¿Conocer y llevar a cabo la voluntad final del difunto? ¿O que las facciones familiares interpreten el testamento en cinco formas diferentes y discutan el asunto por los siguientes veinte años? Es evidente que un buen abogado y un juez razonable querrán ignorar lo que los lectores del testamento quieren que signifique y se enfocarán en descubrir y cumplir la voluntad del difunto. Lo mismo sucede con la Palabra de Dios. Conocer su voluntad debe ser nuestra intención principal.

EL TRASFONDO DE LA BIBLIA

YA HEMOS VISTO lo que debes conocer sobre la Biblia, pero todavía existe un trasfondo histórico y algunos consejos cruciales que te ayudarán a avanzar en tu estudio del Antiguo y el Nuevo Testamento.

Leer el Antiguo Testamento

El Antiguo Testamento puede ser intimidante. Sin embargo, hacer el esfuerzo por leerlo enriquece en gran manera nuestra vida. En los relatos, poemas, profecías, canciones, oraciones, escritos sapienciales y enseñanza contenidos en el Antiguo Testamento podemos comprobar cómo Dios se relaciona con la humanidad, tanto con Su pueblo como con las demás naciones.

A continuación, encontrarás algunas cosas que debes recordar al leer el Antiguo Testamento:

✣ El Antiguo Testamento es la palabra de Dios tanto como el Nuevo Testamento

Aunque haya sido compilado a lo largo de cientos de años y redactado por múltiples autores, tuvo su origen en Dios. El Antiguo Testamento es la Palabra de Dios para Su pueblo.

El apóstol Pedro le recuerda a los creyentes: «Esto ha venido a confirmarnos la palabra de los profetas [...] Ante todo, tengan muy presente que ninguna profecía de la Escritura surge de la interpretación particular de nadie. Porque la profecía no ha tenido su origen en la voluntad humana, sino que los profetas hablaron de parte de Dios, impulsados por el Espíritu Santo» (2 Ped. 1:19-21).

✣ El Antiguo Testamento nos ayuda a comprender el Nuevo Testamento

El Antiguo Testamento contiene acontecimientos y enseñanzas de cientos (y hasta miles) de años antes de que Jesús naciera. Dichos acontecimientos y enseñanzas nos proporcionan un trasfondo para entender lo que sucedió cuando Jesús nació y durante toda Su vida. Por ejemplo, comprender los sacrificios del Antiguo Testamento aclara lo que significó el sacrificio de Jesús en la cruz. Conocer las profecías en esta sección de la Biblia sobre un Mesías prometido nos ayuda a entender que Jesús era ese Mesías (el Cristo), que cumplió las promesas de Dios establecidas

mucho tiempo atrás. Las leyes, las costumbres y las tradiciones religiosas del Antiguo Testamento nos ayudan a comprender las interacciones de Jesús con los líderes religiosos judíos de Su época.

✣ La gracia de Dios hacia la humanidad se evidencia a lo largo de todo el Antiguo Testamento

Cuando leemos el Antiguo Testamento, podemos entender mejor al Dios gentil y poderoso que creó todas las cosas. Además, podemos ver la necesidad de la gracia de Dios al percibir el pecado y la insensatez humana. Por Su gracia Dios planificó salvarnos, en lugar de destruir toda la humanidad.

Podemos ver el desarrollo de este plan en el Antiguo Testamento, aunque no siempre aparece de manera explícita. A menudo debemos reconocer el plan divino en las historias de gente que, así como nosotros en la actualidad, experimentaron las bondades y la corrupción de lo creado, el terrible poder que el pecado tiene para distorsionar y las tristes consecuencias de separarse de Dios.

✣ Los personajes y las historias del Antiguo Testamento sirven como ejemplo para los creyentes actuales

El apóstol Pablo expresa que lo ocurrido a las personas en el Antiguo Testamento «... les sucedió para servir de ejemplo, y quedó escrito para advertencia nuestra, pues a nosotros nos ha llegado el fin de los tiempos. Por lo tanto, si alguien piensa que está firme, tenga cuidado de no caer» (1 Cor. 10:11-12).

Incluso los más fieles del Antiguo Testamento, como Moisés y el rey David, pecaron y fueron disciplinados por Dios. Sin embargo, en el texto podemos ver cómo Dios eximía y restauraba una y otra vez a Su pueblo, incluso cuando ellos habían pecado y causado tragedias.

✣ El Antiguo Testamento nos ayuda a reconocer las acciones de Dios

Aunque no somos del mundo, Jesús nos envió para ser testigos de Su amor, Su gracia y Su sacrificio. Mientras esta sea nuestra condición, debemos aprender a reconocer el modo en que Dios se mueve y actúa en el mundo, tanto por medio de otras personas como en maneras extraordinarias que prescinden de personas. Mientras más leemos el Antiguo Testamento, más aprendemos a reconocer cómo actúa Dios en el mundo.

Leer el Nuevo Testamento

Los acontecimientos relatados en el Nuevo Testamento ocurren en una época de dificultades políticas. El Imperio romano se había hecho más estricto en regiones como Judea, donde las personas estaban renuentes a someterse a los emperadores romanos. Muchos judíos rogaban y esperaban un Mesías que vendría a expulsar a los romanos de Jerusalén y a reconstruir el reino de David.

El sermón de las bienaventuranzas, por James Tissot

Dios envió al Mesías, pero no al que ellos esperaban. Él es más que un líder político: es el Salvador que conquistó a la muerte, derrotó al mal y al pecado, nos permite una relación directa con Dios y nos ofrece vida eterna.

✣ Cuatro Evangelios y un solo Jesús

El término «evangelio» se utilizó en el mundo romano como una proclamación imperial: las buenas nuevas sobre las hazañas del César. Sin embargo, en el Nuevo Testamento, las buenas nuevas que se presentan tratan de Jesús el Mesías, «... el Hijo de Dios» (Mar. 1:1).

La resurrección de Lázaro,
por Duccio di Buoninsegna

Los Evangelios relatan las acciones y las enseñanzas de Jesús. A través de Su ejemplo y Su discurso, Jesús proclamó la venida del reino de Dios. Las promesas que Dios había hecho a Su pueblo en el Antiguo Testamento hallan su realización en Jesús.

No obstante, no encontramos solo una historia sobre Jesús, sino cuatro relatos similares, aunque inconfundibles. Mateo, Marcos, Lucas y Juan nos cuentan la vida de Jesús desde cuatro perspectivas relacionadas. ¿Por qué hay cuatro Evangelios en lugar de uno solo? Una posible respuesta es que se necesitan cuatro puntos de vista para formar una visión completa de Jesús. Algunos opinan que una sola historia con toda la autoridad sería suficiente. Sin embargo, Dios eligió revelarse a Sí mismo mediante cuatro Evangelios.

La transfiguración de Jesús,
por Carl Bloch

El Evangelio de Juan inicia con estas palabras: «En el principio ya existía el

Verbo, [...] Y el Verbo se hizo hombre...» (Juan 1:1,14). Dios elige comunicarse con nosotros por medio de otras personas. Esto se aplica a la Biblia y ciertamente a Cristo, quien se nos dice es Dios hecho hombre (Juan 1:14-18). Por lo tanto, los Evangelios son, así como Jesús, tanto divinos como humanos; tienen autores humanos y un autor divino. En ocasiones revelan detalles que pueden ser difíciles de entender, pero en realidad nunca se contradicen. Tienen cuatro puntos de vista distintos de la historia de Jesús, pero revelan una misma conclusión divina sobre Su identidad como Hijo de Dios.

EVANGELIO	AUDIENCIA	JESÚS EL HIJO DE DIOS
Mateo	El mundo judío	Es el Mesías Rey de Israel
Marcos	El mundo de habla griega	Es el poder de Dios en el mundo
Lucas	A los gentiles	Es el hombre de Dios ideal
Juan	A todo el mundo	Es la Palabra de Dios

Jesús salva a Pedro en el mar, por Lorenzo Veneziano.

✣ Los primeros cristianos y sus escritos

EL LIBRO DE LOS HECHOS

Este libro es una continuación de los Evangelios. Las buenas nuevas de Jesús avanzan en la labor de Sus discípulos en Jerusalén y en todo el mundo. En Hechos vemos el plan de Dios para la humanidad a través de las vidas de los primeros cristianos. Ellos eran la encarnación del ministerio de Jesús y anunciaban el evangelio de salvación a todas las personas.

De manera similar a los Libros Históricos del Antiguo Testamento, Hechos les da una identidad a los creyentes actuales al mostrar cómo la misión de Dios se diseminó a todas las naciones y las personas del mundo.

Los protagonistas de Hechos son Dios y la Iglesia, aunque los apóstoles Pedro y Pablo tienen un papel crucial en el Libro. Ellos asentaron las bases para la expansión del evangelio y presentaron el ministerio del Espíritu Santo a través de los apóstoles. El Libro de los Hechos relata la expansión del evangelio. Por ese motivo es importante conocer un poco sobre los lugares y las culturas que los cristianos visitaron. De este modo se puede comprender mejor la importancia del Libro.

Los cuatro propósitos del libro de los Hechos

- **Proclamación:** Hechos proclama las buenas nuevas de Jesucristo y presenta el mensaje del evangelio.
- **Apologética:** Defiende al cristianismo como una fuente de bendiciones.
- **Unificación:** Muestra la importancia de predicar el evangelio a judíos y gentiles por igual.
- **Enseñanza:** Es un libro para instruir a los creyentes. La historia en Hechos es la historia del pueblo de Dios.

LAS CARTAS

Las cartas (o epístolas) conforman 21 de los 27 libros del Nuevo Testamento. Ellas contienen información vital para nuestra vida como cristianos. Mientras que los Evangelios cuentan las buenas nuevas de Jesús (vida y ministerio), las epístolas explican los efectos de Su ministerio, la venida del Espíritu Santo y la diseminación del evangelio por Jerusalén, Judea, Samaria y el mundo gentil.

Existen varios tipos de epístolas en el Nuevo Testamento:

- Cartas personales, como Filemón, escritas a un individuo en particular.
- Cartas circulares, como Efesios, destinadas a ser transmitidas a varias iglesias en una región.
- Cartas a una congregación específica. Por ejemplo, 1 y 2 Corintios, que fueron escritas a la congregación de la iglesia en Corinto.
- Otras cartas no revelan el nombre del autor o del destinatario, como Hebreos, que

no menciona su autor, y 1 Juan, que no indica un destinatario específico. Otras parecen una carta solo en sus características generales (Santiago).

Sin embargo, todas las epístolas comparten características notables. La primera y la más importante, es que son un mensaje de Dios para Su pueblo en la Iglesia Primitiva y a lo largo de toda la historia.

Otro aspecto crucial sobre las cartas del Nuevo Testamento es que son documentos ocasionales. Esto significa que cada carta procuraba abordar dilemas específicos, en un momento y lugar determinados. Este punto es vital porque señala la importancia de conocer lo más posible el contexto de la carta. Además, nos recuerda que ninguna de las epístolas, ni siquiera todas juntas, representa la teología completa de Pablo, Pedro o Juan. En realidad, cada carta abordaba asuntos particulares que determinaban su contenido.

No obstante, comprender los problemas que cada epístola aborda no es sencillo. En ocasiones, leer una de ellas puede hacernos sentir como si escucháramos la conversación telefónica de alguien más; solo tenemos información parcial.

EL LIBRO DE APOCALIPSIS

Este Libro no es una epístola; en realidad, es parte del género literario conocido como literatura apocalíptica. Es un tipo de literatura que revela el plan de Dios (previamente oculto) para la humanidad.

Interpretar Apocalipsis siempre ha sido un reto para los cristianos. No obstante, su mensaje es demasiado importante como para ignorarlo. Debemos abordar el Libro con respeto, asombro y con la confianza de que el mensaje de Dios en Apocalipsis todavía es relevante.

Existen muchos desacuerdos sobre el significado de Apocalipsis, pero hay puntos de consenso importantes entre los cristianos:

- El mensaje del Libro es tan relevante para los cristianos actuales como para aquellos en el tiempo de los apóstoles.
- El propósito principal de Apocalipsis es proveer esperanza y ánimo para los creyentes todo el

tiempo, en especial en momentos de persecución o sufrimiento.

- El mensaje es claro en al menos tres aspectos:
    - Cristo regresará y va a juzgar a la humanidad.
    - La potestad del mal está vencida frente a Cristo.
    - Dios promete un futuro maravilloso a aquellos que creen en Jesús.

¡COMENCEMOS! UN EJEMPLO DE ESTUDIO BÍBLICO

EXAMINEMOS los componentes del estudio inductivo de la Biblia con más detalle a través de un estudio sencillo de prueba.

PASO 1: Selección

Esta vez hemos completado el paso uno por ti. Elegimos Marcos 8:22-26. Aquí lo tienes:

> Cuando llegaron a Betsaida, algunas personas le llevaron un ciego a Jesús y le rogaron que lo tocara. Él tomó de la mano al ciego y lo sacó fuera del pueblo. Después de escupirle en los ojos y de poner las manos sobre él, le preguntó:
> —¿Puedes ver ahora?
> El hombre alzó los ojos y dijo:
> —Veo gente; parecen árboles que caminan.
> Entonces le puso de nuevo las manos sobre los ojos, y el ciego fue curado: recobró la vista y comenzó a ver todo con claridad. Jesús lo mandó a su casa con esta advertencia:
> —No vayas a entrar en el pueblo.

PASO 2: **Observación**

Recuerda, hay cuatro cosas que debes hacer:

1. Lee Marcos 8:22-26 varias veces. Extrae los detalles relevantes del texto.

   - Lee también los versículos que están antes y después del pasaje, de modo que puedas entender el relato en su contexto.

2. Haz preguntas. ¿Qué información adicional te gustaría conocer sobre el texto?

   - Además de hacer las preguntas que se te ocurrieron mientras leías, puedes utilizar la lista de preguntas que te sugerimos con anterioridad en el Paso 2: Observación.

3. Anota tus preguntas y observaciones para que no pierdas esas ideas.

   - Crea una lista con los personajes, sus acciones, el lugar y el momento en que se desarrolla la historia, el motivo y la manera en que se desarrollan los acontecimientos.
   - Presta atención a las palabras, los conceptos y las acciones que se repiten.

4. Utiliza las herramientas que tienes disponibles. Prueba si una Biblia de estudio, comentario, concordancia, diccionario bíblico, atlas, cronología, etc., puede resolver tus inquietudes o complementar tus observaciones. Tenemos algunas sugerencias para ti:

- Utiliza un mapa para ver dónde se ubica Betsaida.
- Utiliza las referencias cruzadas para descubrir si hay historias similares en otra sección de la Biblia.
- Examina una cronología de la vida y el ministerio de Jesús para ver cómo calza en ella la historia.
- Revisa un comentario o una Biblia de estudio para aprender más sobre:
    - Cómo era la vida de un ciego en tiempos bíblicos.
    - Por qué Jesús utilizó saliva para sanar a alguien.
    - ¿Hay algo inusual en esta forma de sanar?
    - Otras preguntas que tengas.

PASO 3: Interpretación

Una vez que hayas hecho el trabajo arduo de reunir los hechos (preguntando de manera objetiva: «¿Qué puedo notar?»), es momento de preguntar: «¿Qué significa?».

Es útil abordar esta pregunta concibiéndola como una transición de los detalles específicos del pasaje a las verdades generales y al principio universal que transmite.

Puedes preguntar lo siguiente:

- ¿Qué nos enseña el pasaje sobre los puntos siguientes?
  - El carácter de Jesús.
  - La interacción de Jesús con las personas necesitadas.
  - La naturaleza humana.
  - Qué significa ser un seguidor de Jesús.

Tus respuestas a estas interrogantes pueden ayudarte a aplicar la enseñanza.

PASO 4: **Aplicación práctica**

La aplicación práctica es la parte más individual del estudio de la Biblia. Luego de comprender lo que el pasaje revela (interpretación), puedes analizar cómo aplica a tu situación personal específica y a la cultura actual.

Por ejemplo, en el caso de Marcos 8:22-26, sería útil preguntar:

- ¿El pasaje afecta cómo concibo o trato a las personas discapacitadas?
- ¿Existen áreas en mi vida que requieren la compasión y la sanidad de Jesús?
- Tomando en cuenta este pasaje, ¿hay cambios que debería implementar en mi vida?
- ¿Cómo se vería afectada mi relación con Dios si pusiera en práctica la enseñanza del texto?
- ¿De qué manera debería orar en vista de esta enseñanza?

Algunos pasajes bíblicos tendrán una aplicación más factible y directa que otros. Esto dependerá tanto del pasaje como de tu situación de vida. No te sientas obligado a crear un plan de acción en cada estudio bíblico. Sin embargo, permite que tu estudio de la Biblia expanda tu conocimiento de Dios y enriquezca tu relación con Él.

EL OBJETIVO DEL ESTUDIO BÍBLICO

EL OBJETIVO del estudio de la Biblia es una vida transformada y una relación con Dios más profunda. Cuando escuches y respondas a lo que Dios te dice por medio de Su Palabra, te asombrarás de los resultados en tu vida en la medida en que tu relación con Él se haga más profunda. Déjate sorprender por lo que Dios te mostrará por medio de la Escritura.

Al estudiar la Escritura, con frecuencia encontrarás una orden que obedecer, un ejemplo a seguir, una enseñanza que aprender, o un pecado que confesar. Aplica esto a tu vida.	«No se contenten solo con escuchar la palabra, pues así se engañan ustedes mismos. Llévenla a la práctica» (Sant. 1:22).
En ocasiones querrás ver una promesa cumplida, hacer una oración, perdonar a alguien, o pedir perdón. Escucha la voz quieta y suave de Dios.	«Quédense quietos, reconozcan que yo soy Dios...» (Sal. 46:10).
Otras veces te verás sorprendido por lo que Dios diga o haga. Quizá quieras ponerte de rodillas y adorarlo, saltar y gritar de gozo, o alzar tus manos y alabar a tu Padre celestial.	Cuando las multitudes veían a Jesús sanar enfermos, «La gente se asombraba [...] Y alababan al Dios de Israel» (Mat. 15:30-31).

Siete razones para estudiar la Biblia

1 Para conocer a Dios

El estudio de la Biblia no es solo para aprender sobre Dios, es para conocerlo como persona.

2 Para amar a Dios

Mientas más conocemos a Dios, más lo amamos. El Gran Mandamiento es amar a Dios con todo nuestro ser y a nuestro prójimo como a nosotros mismos: «El más importante es: "Oye, Israel. El Señor nuestro Dios es el único Señor —contestó Jesús—. Ama al Señor tu Dios con todo tu corazón, con toda tu alma, con toda tu mente y con todas tus fuerzas". El segundo es: "Ama a tu prójimo como a ti mismo". No hay otro mandamiento más importante que estos» (Mar. 12:29-31). Medita sobre el carácter de Dios, Sus principios y promesas. Regocíjate en Su amor, cuidado y perdón.

3 Para conocer la verdad

La Escritura fue inspirada por Dios. Ella nos enseña la verdad, nos revela lo que está mal en nuestras vidas y nos guía con rectitud. Como explica el apóstol Pablo: «Toda la Escritura es inspirada por Dios y útil para enseñar, para reprender, para corregir y para instruir en la justicia, a fin de que el siervo de Dios esté enteramente capacitado para toda buena obra» (2 Tim. 3:16-17).

❹ Para encontrar la dirección de nuestra vida

La Biblia nos muestra qué hacer; estudiarla puede ayudarte a determinar tu siguiente paso: «Tu palabra es una lámpara a mis pies; es una luz en mi sendero» (Sal. 119:105).

❺ Para hallar consuelo y esperanza

La Palabra de Dios nos anima. Muchas personas en la Biblia enfrentaron tiempos de prueba y de gran sufrimiento. Puedes hallar esperanza aprendiendo de sus vidas: al escuchar el mensaje que Dios les dio en sus peores momentos. En Isaías 41:10, Dios le dice a Su pueblo: «Así que no temas, porque yo estoy contigo; no te angusties, porque yo soy tu Dios. Te fortaleceré y te ayudaré; te sostendré con mi diestra victoriosa».

❻ Para arrepentirse de pecado

La Biblia nos ayuda a percibirnos como de verdad somos y nos reprueba por nuestro pecado, de modo que nos arrepintamos y cambiemos. Deja que la Palabra de Dios exponga tus pensamientos y deseos más íntimos, como nos dice Hebreos 4:12-13: «Ciertamente, la palabra de Dios es viva y poderosa, y más cortante que cualquier espada de dos filos. Penetra hasta lo más profundo del alma y del espíritu, hasta la médula de los huesos, y juzga los pensamientos y las intenciones del corazón. Ninguna cosa creada escapa a la vista de Dios.

Todo está al descubierto, expuesto a los ojos de aquel a quien hemos de rendir cuentas».

7 Para ser santificados

Jesús oró para que Sus seguidores fueran santificados: «Santifícalos en la verdad; tu palabra es la verdad» (Juan 17:17). Ser santificado significa ser hecho santo, ser separado por Dios para un propósito especial. Él tiene un plan y un propósito para nuestra vida. Sumergirnos en la Palabra del Señor nos ayuda a convertirnos en el tipo de persona que Él quiere que seamos.

> ***«Aplica todo tu ser al texto y aplica todo el texto a tu ser».***
>
> —JOHANN ALBRECHT BENGEL

A TU ALCANCE

La serie *A tu alcance* te ayuda a encontrar rápidamente respuestas bíblicas a preguntas importantes. Estos manuales de tamaño bolsillo están llenos de explicaciones claras e información relevante que necesitas saber.

LOS LIBROS DE LA BIBLIA A TU ALCANCE
Resúmenes rápidos de los 66 libros de la Biblia

EL ESTUDIO DE LA BIBLIA A TU ALCANCE
Una guía paso a paso para estudiar la Palabra de Dios

LAS RELIGIONES DEL MUNDO A TU ALCANCE
30 religiones comparadas con el cristianismo

LA COMPRENSIÓN DEL ESPÍRITU SANTO A TU ALCANCE
Quién es el Espíritu Santo y qué hace

PATMOS